BEI GRIN MACHT SICH IHR WISSEN BEZAHLT

AF136077

- Wir veröffentlichen Ihre Hausarbeit,
  Bachelor- und Masterarbeit

- Ihr eigenes eBook und Buch -
  weltweit in allen wichtigen Shops

- Verdienen Sie an jedem Verkauf

Jetzt bei www.GRIN.com hochladen und kostenlos publizieren

Kraftplan für eine gesunde 19-jährige Studentin. Muskelaufbau, Gewebestraffung und Beseitigung von Rückenschmerzen

Emely Beuke

Bibliografische Information der Deutschen Nationalbibliothek:

Die Deutsche Nationalbibliothek verzeichnet diese Publikation in der Deutschen Nationalbibliografie; detaillierte bibliografische Daten sind im Internet über http://dnb.d-nb.de abrufbar.

ISBN: 9783346452894
Dieses Buch ist auch als E-Book erhältlich.

Deutsche Hochschule für
Prävention und Gesundheitsmanagement
Hermann Neuberger Sportschule 3
66123 Saarbrücken

Einsendeaufgabe

Fachmodul: Trainingslehre I

Studiengang: Bachelor of Arts - Fitnessökonomie

Datum
Präsenzphase: 26.08.2019 bis 29.08.2019

Name, Vorname: Beuke, Emely

Semester: **Sommersemester 2019**

Inhaltsverzeichnis

1 Diagnose

1.1 Allgemeine und biometrische Daten

1.1.1 Allgemeine Daten

Tab. 1: Allgemeine Daten (eigene Darstellung)

Alter	19 Jahre
Geschlecht	Weiblich
Körpergröße	170 Zentimeter
Körpergewicht	60 Kilogramm
Trainingsmotive	Muskelaufbau, Beseitigung der Rücken-schmerzen aufgrund ihrer sitzenden Tätigkeit, Gewebestraffung
Berufliche Tätigkeit	BWL Studentin
Aktuelle / Frühere sportliche Aktivitäten	Frühere: 2x pro Woche Handball für 60 Minuten im unteren Kreisligabereich. Derzeit keinerlei Krafttrainingserfahrung.
Zeitlicher Verfügungsrahmen	3x die Woche für je 90 Minuten

1.1.2 Biometrische Daten

Tab. 2: Biometrische Daten (eigene Darstellung)

Blutdruck nach WHO	112 mmHg systolisch 75 mmHg diastolisch
Ruhepuls	72 Schläge die Minute
BMI nach WHO	20,8 kg/m²
Körperfettanteil in Prozent	17,6 %
Orthopädische / Internistische Probleme	Keine
Ärztliche Behandlung	Nicht in ärztlicher Behandlung
Einnahme von Medikamenten	Keine

Sonstige Einschränkungen	Es liegen keine sonstigen Einschränkungen vor

1.1.3 Bewertung

Meine Probandin hat mit 19 Jahren einen Blutdruckwert von 112 mmHg systolisch und 75 mmHg diastolisch und liegt somit laut WHO (Weltgesundheitsorganisation) in einem optimalen Bereich. Die Spanne des optimalen Blutdrucks liegt bei < 120 mmHg systolisch zu < 80 mmHg diastolisch. Des Weiteren hat sie einen Ruhepuls von 72 Schlägen die Minute, welches im Normwert von 60-80 Schläge/Minute liegt. Ihr Body-Mass-Index (BMI) von 20,8 kg/m² zeigt, dass meine Probandin ein Normalgewicht von 60 Kilogramm hat. Der BMI erlaubt aber dennoch nur eine grobe Einschätzung. Mit einem BMI unter 18,5 kg/m² (entspräche 53kg) wäre die Probandin untergewichtig. Der Körperfettanteil ist mit 17,6 % im niedrigen Bereich, weswegen sie keine Fettreduktion benötigt. Zudem liegen keine orthopädischen oder internistischen sowie sonstigen Erkrankungen vor. Aus diesem Grund kann die Probandin unter diesen Voraussetzungen voll belastet werden.

1.2 Krafttest – X-RM

1.2.1 Testverfahren

Für meine Probandin wähle ich als Krafttest den Mehrwiederholungskrafttest, um das maximal gemeisterte Gewicht für eine bestimmte Wiederholungszahl zu ermitteln, mit der im folgenden Mesozyklus, ausgehend vom Trainingsziel trainiert werden soll. Außerdem weist der Mehrwiederholungskrafttest ein geringeres Belastungs- und Verletzungsrisiko als der Einwiederholungstest auf, da meine Probandin im Hypertrophie-Training unerfahren ist. Um die Leistungsfähigkeit für den sinnvollen Trainingsplan bestimmen zu können, wird die Probandin die geeigneten Wiederholungen so ausführen, dass sie die Wiederholungen an den Kraftgeräten exakt und sauber mit dem gewählten Trainingsgewicht absolvieren kann.

1.2.2 Durchführung des Krafttests

Bevor ich mit meiner Probandin den Krafttest ausführen kann, wärmt sie sich erstmal 10 Minuten auf. Hierzu kann sie zwischen einem Laufband, einem Stairmaster, einem Fahrrad oder einem Crosstrainer wählen. Nachdem sie durch das allgemeine Aufwärmen die großen Muskelgruppen aufgewärmt hat, wird die im Training beanspruchte Muskulatur mit leichtem Gewicht aufgewärmt. In diesem Fall macht sich meine Probandin als erstes an der Beinpresse mit einem Satz und kaum beanspruchendem Gewicht warm.

Der Test wird mit X=20 Wiederholungen absolviert. Somit ist es möglich die Intensität des Trainings zu berechnen. Da meine Probandin unerfahren im Krafttraining ist, ist der 1-RM-Test ausgeschlossen.

Als nächstes werden wir den ersten Testsatz der ersten Maschine angehen. Die Probandin wird den Krafttest an folgenden Geräten ausführen: Beinpresse, Latzug, Ruderzug, Brustpresse, Bauchpresse und Rückenstrecker. Für den Mehrwiederholungskrafttest trainieren wir mit 3 Sätzen je 20 Wiederholungen.

Durch die persönliche Einschätzung des Trainers wird im ersten Satz ein Trainingsgewicht ausgewählt, womit die Probandin den Satz mit exakt 20 Wiederholungen absolvieren muss. Die Wiederholungen werden mit einer Time under Tension von 2-0-2 (2 Sekunden exzentrische Arbeitsphase, 0 Sekunden Verweildauer am Umkehrpunkt, 2 Sekunden konzentrische Arbeitsphase) ausgeübt. Das Gewicht wird zunächst nach ihrem subjektiven Belastungsempfinden angepasst. Der 2. Testsatz folgt nach dreiminütiger Pause. Dieser Prozess wird nun an jedem ausgewähltem Kraftgerät wiederholt, um anschließend die Ergebnisse für die Trainingsplanung umsetzen zu können.

1.2.3 Darstellung der Ergebnisse

Tab. 3: Testergebnisse des 20-RM Tests (eigene Darstellung)

Übung	Wiederholungen	1. Satz	2. Satz	3. Satz	Ergebnis
Horizontale Bein-presse von gym 80	20	45kg	50kg	55kg	55kg
Rumpfrotation Maschine von gym80	20	15kg	20kg	-	20kg
enges Rudern an der gym80 Maschine	20	10kg	15kg	20kg	20kg

Brustpresse an der gym80 Maschine	20	15kg	20kg	25kg	25kg
Bauchpresse mit Brustpolster von gym80	20	10kg	15kg	-	15kg
Rumpfextension an der gym80 Maschine	20	15kg	20kg	25kg	25kg

1.2.4 Bewertung der Ergebnisse

Bei dem X-RM Test gibt es keine richtigen Referenzwerte. Alternativ kann man die „Individuelle-Leistungsbild-Methode" zu dem X-RM-Test abschließen. Für die ILB-Methode wird ein X-RM-Test durchgeführt, um anschließend aus den Werten, die Trainingsintensitäten bestimmen zu können, die für den weiteren Trainingsverlauf wichtig sind (Zimmer, 1999; Eifler, 2000). Somit kann eine Dokumentation der Leistungsentwicklung mit dem Mehrwiederholungskrafttest durchgeführt werden.

7

2   Zielsetzung und Prognose

Tab. 4: Bewertung der Diagnosedaten (eigene Darstellung)

Blutdruck:	Norm:	Bewertung:
112 mmHg systolisch zu 75 mmHg diastolisch	< 120 mmHg systolisch zu < 80 mmHg diastolisch	optimal
Ruhepuls:	Norm:	Bewertung:
72 Schläge die Minute	60-80 Schläge die Minute	optimal
Sonstiges:		Bewertung:
19 Jahre alt, 170 Zentimeter, 60 Kilogramm, 17,6 % Körperfett- anteil		Gute Voraussetzun- gen

Tab. 5: Ableitung von Zielen (eigene Darstellung)

	Inhalt	Ausmaß	Zeit
1. Ziel	Muskelaufbau (Wirbelsäulenstabilisa- tion)	Linderung der Rückenschmerzen von 5 auf 3 der NRS (Numerische Ra- ting Skala)	1 Makrozyklus (7 Monate)
2. Ziel	Verbesserung des Bin- degewebes durch Mus- kelaufbau	Von Schweregrad 2 auf Schwere- grad 1	1 Makrozyklus (7 Monate)
3. Ziel	Kraftsteigerung im X- RM Test	Kraftsteigerung um 15% bei 20 Wiederholungen Als Referenzwert werden 20 Wiederholungen ge- wählt, weil mit 20 Wiederholungen gestartet wurde.	1 Makrozyklus (7 Monate)

Mit meiner Probandin wurden drei Ziele des Trainings gesetzt. Am wichtigsten ist es, die Rückenschmerzen aufgrund der sitzenden Tätigkeit als Stu- dentin zu lindern. Dafür stabilisieren wir die Wirbelsäule durch Muskelaufbau. Durch persönliche Schmerzeinschätzung der numerischen Ranking Skala befindet sie sich auf einer 5. Darüber hinaus ist eine Verbesserung des Bindehautgewebes durch Hypertrophie- und Ausdauertraining ein weiteres Ziel. Als 3. Ziel hat sich die Probandin die Kraftsteigerung des Mehrwiederholungskrafttests vorgenommen. Über ein regelmäßiges Krafttraining wird sie am Ende des Makrozyklus eine Kraftsteigerung von 15% aufweisen können.

3 Trainingsplanung Makrozyklus

3.1 Makrozyklus

Tab. 6: Makrozyklus

	Umfangorientiertes Krafttraining		Intensitätsorientiertes Krafttraining	
	1. Mesozyklus	2. Mesozyklus	3. Mesozyklus	4. Mesozyklus
Zyklusdauer	6 Wochen	6 Wochen	8 Wochen	8 Wochen
Trainingsmethodik	Kraftausdauer	Übergang	Muskelaufbau (extensiv)	Muskelaufbau (intensiv)
Organisationsform	Ganzkörper Station	Ganzkörper Circuit	Ganzkörper Station	Ganzkörper Circuit
Häufigkeit pro Woche	3	3	3	3
Übungen pro Muskel	1	2	2	2
Sätze pro Übung	3	3 Circuits	3	3 Circuits
Intensität	50-70 % ILB	60-80 % ILB	70-90 % ILB	70-90 % ILB
Satzpausen	60 Sekunden	60 Sekunden	60 Sekunden	60 Sekunden
Bewegungstempo	2/0/2	2/0/2	2/0/2	2/0/2
Wiederholungen	20	12	10	8

3.2 Begründung der Trainingsmethode

Für den Makrozyklus beginnen wir mit einem Kraftausdauertraining. Hierbei verbessen wir den Muskelstoffwechsel und die intermuskuläre Koordination, die für das folgende, schwere Hypertrophietraining zu guten kommt. Die Trainingsbeginnerin wird sich durch

10

die hohe Wiederholungszahl die Bewegungsausführung schneller einprägen. Außerdem wird durch die geringe Belastung die Verletzungsgefahr gesenkt.

Zunächst wird im zweiten Mesozyklus ein Übergang vom Kraftausdauertraining mit 12 Wiederholungen gewählt, um eine weitere Steigung der Kraft erzielen zu können. Im Hypertrophietraining des dritten Mesozyklus wurden die Wiederholungen auf zehn reduziert, weswegen die Intensität dementsprechend auf 70-90% erhöht wurde. Gleichzeit wird so ein neuer Trainingsreiz gesetzt. Der letzte Mesozyklus beinhaltet nur noch acht Wiederholungen pro Satz. Von Mesozyklus zu Mesozyklus nimmt demzufolge das Trainingsgewicht zu um mehr Muskeln aufzubauen und die Rückenschmerzen zu lindern.

3.3 Belastungsparameter

3.3.1 Belastungshäufigkeit

Die Belastungshäufigkeit beschreibt die Anzahl der Trainingseinheiten pro Woche. Wirth, Aatzor und Schmidtbleicher (2007) konnten feststellen, dass eine Trainingseinheit die Woche für Beginner mit dem Ziel Muskelaufbau zu Muskelmassezuwächsen führen kann. Dennoch wird ein deutlich größerer Muskelaufbau bei zwei oder drei Trainingseinheiten die Woche erzielt. Der Probandin werden drei Trainingseinheiten pro Woche empfohlen.

3.3.2 Belastungsintensität

Als Belastungsintensität wird die einwirkende Reizstärke bezeichnet. Diese dient als Maß für die Höhe der Belastung. Die Intensitäten werden oft als Prozent angegeben. Trainingsintensitäten im Krafttraining müssen nach Güllich und Schmidtbleicher (1999) mindestens 50 % der individuellen Maximalkraft betragen, um einen effektiven Muskelaufbau erzielen zu können. Durch ein submaximales, eher sanftes Krafttraining ohne Muskelversagen kann zu erheblich erkennbaren Kraftsteigerungen und Veränderungen der Körperkomposition führen. Letztendlich ist das submaximale Krafttraining für die Ziele der Probandin ausreichend.

3.3.3 Belastungsdauer

Die Belastungsdauer ist die Zeit, in der ein einzelner Trainingsinhalt als Bewegungsreiz auf den Organismus wirkt. Die Belastungsdauer im Krafttraining kann auf einen Satz oder auf eine Wiederholung festgelegt werden. Nach Fröhlich, Schmidtbauer und Emrich (2002) empfiehlt sich bei einem Kraftausdauertraining 50-120 Sekunden und beim Hypertrophietraining 20-50 Sekunden. Folglich ist das Bewegungstempo von 2 / 0 / 2 optimal.

3.3.4 Belastungsumfang

Der Belastungs- bzw. Trainingsumfang beschreibt die Gesamtmenge der vollzogenen Belastungsreize, somit ist sie ein Produkt aus Belastungsintensität und Wiederholungszahl. Für die Probandin finden drei Sätze pro Übung und eine Übung pro Muskelgruppe bei submaximaler Intensität statt.

3.3.5 Belastungsdichte

Die Belastungsdichte wird durch die zeitliche Aufeinanderfolge von einzelnen Belastungsreizen bestimmt. Dies geschieht entweder durch Pausenzeiten zwischen den Sätzen in Sekunden, über das Verhältnis von Trainingseinheiten zu Pausenzeiten in Tagen oder durch die Wiederholungen. Nach submaximalen Krafteinsätzen sollten zur Wiederherstellung eine Pause von zwei bis drei Minuten eingeplant werden. Kurze Satzpausen bei Trainingsbeginnern können in den ersten fünf Trainingswochen stark hormonelle Reaktionen auslösen.

3.4 Begründung der Organisationsformen

Für die Probandin wurde ein Ganzkörpertrainingsplan gewählt, da sie im Krafttraining unerfahren ist und nicht mehr als dreimal die Woche für das Training Zeit hat. In dem Ganzkörperplan trainiert sie alle Hauptmuskelgruppen innerhalb einer Trainingseinheit.

Als Organisationsform der Probandin wird im Laufe der Mesozyklen für Abwechslung zwischen Stations- und Zirkeltraining gewechselt. Unter Stationstraining versteht man das nacheinander Ausführen der Satz- und Wiederholungszahlen einer Übung. Wenn alle vorgegebenen Sätze absolviert wurden, erfolgt der Übungswechsel, während sie bei einem Zirkeltraining an jeder Übung immer nur ein Trainingssatz mit der entsprechenden Wiederholungszahl durchführt. Anschließend wird zu der nächsten Übung gewechselt. Wenn alle Geräte durchlaufen sind, beginnt ein neuer Durchgang bei der ersten Übung.

3.5 Periodisierung

Für die Probandin wurde die Blockperiodisierung gewählt. Als Blockperiodisierung versteht man das Ausführen von Übungen auf einen Schwerpunkt. Bei der Probandin wird in den ersten Mesozyklus Kraftausdauertraining empfohlen, sodass über die gesamte Periode kein anderes Krafttraining als das Kraftausdauertraining durchgeführt wird. Durch dieses Periodensystem werden verschiedene Kraftreize untereinander beeinflusst, im Gegensatz zu der „klassischen Periodisierung". Die Blockperiodisierung konnte sich im Hinblick auf die Steigerung der Kraftleistung als effektiver beweisen. Somit passt die Blockperiodisierung mit dem Ziel der Kraftsteigerung optimal zu den Zielen der Probandin.

4 Trainingsplanung Mesozyklus

4.1 Mesozyklus

Tab. 7: Mesozyklusplanung (eigene Darstellung)

Zyklusdauer	6 Wochen
Organisationsform	Ganzkörper Station
Einheiten pro Woche	3 Einheiten pro Woche
Übungen pro Muskelgruppe	1 Übungen pro Muskelgruppe
Sätze pro Übung	3 Sätze pro Übungen
Wiederholungen	20 Wiederholungen
Bewegungstempo	2 / 0 / 2
Satzpausen	60 Sekunden
Intensität	50-70% ILB
Spezifisches Trainingsziel	Verbesserung der Kraftausdauerleistung

4.2 Übungsauswahl

Tab. 8: Übungsauswahl Mesozyklus (eigene Darstellung)

Übungen	WH	Sätze	Satzpausen	Intensität	Gewicht
Horizontale Bein-presse von gym80	20	3	60 Sekun-den	50% ILB	22,5 kg
Ruderzugmaschine enger Griff von gym80	20	3	60 Sekun-den	60% ILB	12kg
Rumpfextension Maschine von gym80	20	3	60 Sekun-den	60% ILB	15kg

Rumpfrotation Maschine von gym80	20	3	60 Sekunden	60% ILB	12kg
Brustpresse Maschine von gym80	20	3	60 Sekunden	50% ILB	12,5kg
Bauchpresse mit Brustpolster von gym80	20	3	60 Sekunden	70% ILB	10,5kg

4.3 Begründung der Übungsauswahl

Als Trainingsbeginner wurde für die Probandin das Trainieren mit Maschinen gewählt. Aufgrund der geführten Bewegung und der geringen Bewegungsvarianz, ist die Übungsausführung an Maschinen schnell und einfach zu erlernen. Dadurch stellen sich schneller Erfolgserlebnisse ein, weswegen die Wahrscheinlichkeit der regelmäßigen Durchführungen des Krafttrainings höher ist. Durch das achsengerechte Positionieren an Maschinen, können ungünstige Belastungen auf das passive Bewegungssystem minimiert werden. Da keine subjektiven Beschwerden bei der Probandin vorhanden sind, wurde ein Ganzkörperplan mit gleichberechtigter Einbeziehung aller großen Muskelgruppen gewählt. Es werden sowohl Agonist, als auch Antagonist beim Training berücksichtigt. Für Anfänger sind eingelenkige Übungen besonders gut, da weniger Fehler gebildet werden und keine axialen Druckbelastungen möglich sind. Des Weiteren kann der Zielmuskel auch wirklich trainiert werden, weil andere Muskeln diese Bewegung nicht kompensieren können.

Nach dem Aspekt des Muskelmasseanteils und des Aspekts der Komplexität werden Beinpresse und Ruderzug zuerst trainiert. Mit der horizontalen Beinpresse von gym80 werden primär der M. Quadriceps femoris, M. biceps femoris und den M. glutaeus maximus trainiert. Außerdem wird durch die Belastung der Oberschenkelmuskulatur der M. erector spinae beansprucht, der für die Aufrichtung beziehungsweise dem Strecken sowie der Rotation und der Seitneigung der Wirbelsäule dient. Der allgemeine Mesozyklus liegt mit dem Fokus auf der Rumpfmuskulatur, da die Probandin ihre Wirbelsäule für eine aufrechte Haltung stärken möchte. Die Ruderzugmaschine wird zunächst mit engem Griff ausgeführt und trainiert den M. latissimus dorsi, M. teres major, M. trapezius pars transversa und den M. deltoideus pars spinata. Diese Muskeln helfen besonders bei einer aufrechten Haltung – insbesondere, weil die Probandin den ganzen Tag in der Universität sitzt und somit Rückenschmerzen hat. Nach der Ruderzugmaschine folgt die Rumpfextensionsmaschine, wo die Hände fixiert sind. Mit dieser Übung wird der Mm. erector spinae trainiert und die Synergisten sind der M. adductor magnus, M. biceps femoris, M. semitendinosus, M. gluteus maximus, M. biceps femoris und der M. semimembranosus. Außerdem wird sie durch den M. quadriceps stabilisiert. Die Rumpfrotationsmaschine von gym30 trainiert dazu den M. obliquus externus abdominis M. obliquus internus abdominis und den Mm. erector spinae. Die Brustpresse von gym80 auch Rumpfflexion genannt, trainiert den M. pectoralis major, welcher für die Stützung des vorderen Brustmuskels da ist. Zuletzt trainiert die Probandin mit der Bauchpressmaschine mit dem Brustpolster ihren M. rectus abdominis, M. obliquus externus abdominis und den M. obliquus internus abdominis damit die Rumpfmuskulatur auch von vorne gestärkt wird.

5 Literaturrecherche

5.1 Literaturrecherche 1

Tab. 9: Literaturrecherche „Eine prospektive Studie zum Krafttraining und Risiko für Typ-2-Diabetes mellitus bei Männern

Titel der Recherche	Eine prospektive Studie zum Krafttraining und Risiko für Typ-2-Diabbetes mellitus bei Männern
Durchgeführt von	Grøntved, A. et al
Jahr der Publizierung	2012
Forschungsfrage	Kann Diabetes durch Krafttraining reduziert werden?
Versuchspersonen	32.000 Männer wurden zufällig gewählt
Versuchsaufbau	• 1. Gruppe: Studienteilnehmer die mehr al 60 Minuten pro Woche trainieren, • 2. Gruppe: Studienteilnehmer die zwischen 60 und 149 Minuten pro Woche trainieren, • 3. Gruppe: Studienteilnehmer, die mindestens 150 Minuten Sport trieben Es wurde zwischen Kraft- und Ausdauertraining unterschieden, soeben wurde Ernährung, Alkohol- und Kaffeekonsum oder Rauchen berücksichtigt.
Ergebnisse	Ergebnisse zeigen, dass die erste Gruppe ein verringertes Diabetes-Risiko um 12 Prozent hatte, die zweite Gruppe um 25 Prozent und die dritte Gruppe ein um 34 Prozent niedrigeres Risiko an Diabetes zu erkranken hat.
Schlussfolgerung	Krafttraining kann mit einer Ausdauersportart wie schnellem Gehen oder Laufen

	das Diabetesrisiko um bis zu 59 Prozent senken.

5.2 Literaturrecherche 2

Tab. 10: Literaturrecherche „Reduction in the Incidence of Typ 2 Diabetes with Lifestyle Inervention or Metformin

Titel der Recherche	Reduction in the Incidence of Type 2 Diabetes with Lifestyle Intervention or Metformin
Durchgeführt von	IW Culbert, MJ Matulik, JT Mendoz, PV Nash, BK Montgomery, M. Alger, KE Lawton, RA Arky et. al
Jahr der Publizierung	2002
Forschungsfrage	Verhindert oder verzögert eine Intervention oder Behandlung mit Metformin, einem Biguanid-Antihyperglykämikum, das Auftreten von Diabetes?
Versuchspersonen	Erwachsene, bei denen ein hohes Risiko für die Entwicklung von Typ-2-Diabetes besteht. Die Probanden waren mindesten 25 Jahre alt und mussten einen BMI von mindestens 24 haben. Dazu war eine eine Plasmaglucosekonzentration von 95 bis 125 mg pro Deziliter erforderlich.
Versuchsaufbau	Durchführung in 27 Zentren, in denen ein hohes Risiko für Diabetes bestand. on 3234 Studienteilnehmer wurden 1082 zu Placebo, 1073 zu Metformin und 1079 zu einer Lebensstilintervention in Form von Krafttraining und Ernährung zugeordnet, um zu ermitteln auf welche Weise der Diabeteseintritt verhindern zu können. Die

	Probanden Der Lebensstilinterventions-gruppe durchläuft eine cholesterinsinkende Diät mit wenigen Fetten und Kohlenhydraten, um das Gewicht zu reduzieren und die Aktivität auf 150 Minuten pro Woche steigern soll.
Ergebnisse	50% der Teilnehmer haben bis zu 7% am Ende des Lehrplans an Gewicht verloren.
Schlussfolgerung	Diabetes Mellitus Typ 2 kann bei Personen mit hohem Risiko der Krankheit verhindert oder verzögert werden. Die Gruppe der Lebensstilintervention hat einen besseren Effekt auf das glykosylierte Hämoglobin erhalten als das Medikament Metformin.

6   Literaturverzeichnis

BSA-Akademie. (kein Datum). Von https://www.bsa-akademie.de/fileadmin/bsa-akademie/downloads/bsp_lehrgangsmaterial/fitness_individual/auszug_lb_trggkt.pdf abgerufen

Grøntved, A. e. (2012). *Eine prospektive Studie zum Krafttraining und Risiko für Typ-2-Diabetes   mellitus   bei   Männern.*   Von https://jamanetwork.com/journals/jamainternalmedicine/fullarticle/1307571 abgerufen

IW Culbert, M. M. (2002). *Reduction in the Incidence of Type 2 Diabetes with Lifestyle Intervention or Metformin.*

IW Culbert, M. M. (2002). Reduction in the Incidence of Type 2 Diabetes with Lifestyle Intervention or Metformin. *The New England Journal Of Medicine.*

Karteikarte. (kein Datum). Von https://www.karteikarte.com/card/2201917/nennen-und-erklaeren-sie-die-belastungsparameter-zur abgerufen

Luening, H. (2017). *Blockperiodisierung 1/2: Innovativer Ansatz statt alter Rezepte.*

7 Tabellenverzeichnis